GRANDES PERSONAJES EN LA HISTORIA DE LOS ESTADOS UNIDOS™

NATHAN HALE

HÉROE DE LA GUERRA DE INDEPENDENCIA

JODY LIBERTSON

TRADUCCIÓN AL ESPAÑOL
EIDA DE LA VEGA

The Rosen Publishing Group, Inc.

Editorial Buenas Letras™

New York

Published in 2004 by The Rosen Publishing Group, Inc.
29 East 21st Street, New York, NY 10010

First Spanish Edition 2004
First English Edition 2004

Cataloging Data

Libertson, Jody
[Nathan Hale. Spanish]
Nathan Hale: Héroe de la Guerra de Independencia / Jody Libertson.
    p. cm. — (Grandes personajes en la historia de los Estados Unidos)
Summary: Surveys the life of Nathan Hale, a Revolutionary War hero whose service to George Washington as a spy cost him his life.
Includes bibliographical references and index.
ISBN 0-8239-4141-8 (lib. bdg.)
ISBN 0-8239-4235-X (pbk.)
6-pack ISBN 0-8239-7582-7
1. Hale, Nathan, 1755–1776—Juvenile literature. 2. United States—History—Revolution, 1775–1783—Secret service—Juvenile literature. 3. Spies—United States—Biography—Juvenile literature. 4. Soldiers—United States—Biography—Juvenile literature. [1. Hale, Nathan, 1755–1776. 2. Spies. 3. United States—History—Revolution, 1775–1783—Secret service. 4. Spanish language materials.]
I. Title. II. Series. Primary sources of famous people in American history. Spanish.
E280.H2L53 2004
973.3'85'092—dc21

Manufactured in the United States of America

Photo credits: cover, pp.13, 23 © Bettmann/Corbis; pp. 4, 24 © Corbis; pp. 5, 9, 18, 19, 26 © North Wind Picture Archives; p. 7 courtesy, Rare Book Department, the Free Library of Philadelphia; p. 10 courtesy of the First Congregational Church of Coventry, 1171 Main Street, Coventry, Connecticut, gathered in 1712 (the Reverend Doctor Bruce J. Johnson); p. 11 © Lee Snider/Corbis; p. 15 National Archives and Records Administration; pp.16, 22 Picture Collection, the Branch Libraries, the New York Public Library, Astor, Lenox, and Tilden Foundations; p. 17 Library of Congress Geography and Map Division; p. 21 painting by R. Sterling Heraty, courtesy of the Antiquarian and Landmarks Society, Hartford, Connecticut; p. 25 State Historical Society of Missouri; p. 25 (inset) courtesy, Print Collection, Miriam and Ira D. Wallach Division of Art, Prints and Photographs, the New York Public Library, Astor, Lenox, and Tilden Foundations; p. 27 Collection of the New-York Historical Society, Negative Number 50381; p. 28 Adriana Skura; p. 29 © Farrell Grehan/Corbis.

Designer: Thomas Forget; Photo Researcher: Rebecca Anguin-Cohen

CONTENIDO

1 INFANCIA EN CONNECTICUT

Nathan Hale nació en Coventry, Connecticut, el 6 de junio de 1755. Su padre, Richard, era granjero y diácono. Su madre, Elizabeth Strong, crió a los niños. Los padres de Nathan eran patriotas. Creían que Norteamérica no debía ser gobernada por los ingleses. Nathan tuvo ocho hermanos y tres hermanas.

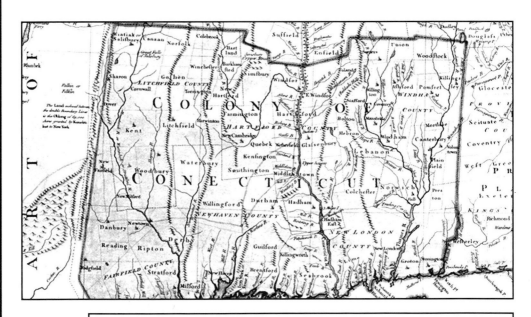

Este mapa del siglo XVIII muestra la colonia de Connecticut, donde se crió Hale. Los bosques ocupaban la mayor parte de la colonia, con algunas granjas y pueblos pequeños.

Hale se hizo capitán del ejército que luchaba por la independencia. El ejército norteamericano tenía poco entrenamiento y estaba mal abastecido.

Nathan fue un niño muy enfermizo, pero al crecer, se hizo fuerte y saludable. Le gustaba pescar, nadar y el deporte de la lucha. En la escuela, disfrutaba leyendo sobre los héroes de la historia. El cura del pueblo, el reverendo Joseph Huntington, le ayudó a estudiar para entrar a la universidad.

EL AMOR POR LA LECTURA

Cuando niño, a Nathan Hale le gustaba leer.
Años después se convirtió en bibliotecario de un grupo secreto de lectura de la universidad de Yale.

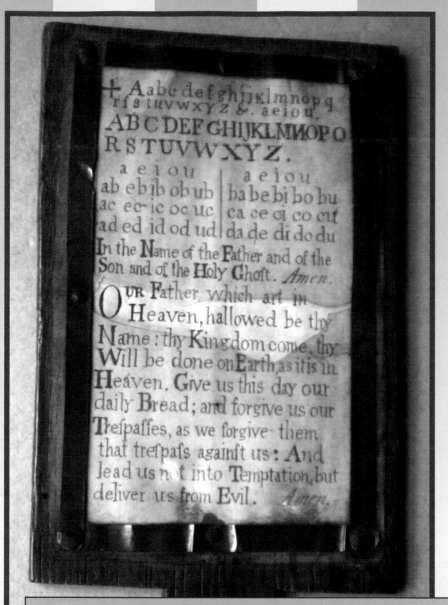

En la época colonial, los estudiantes usaban cartillas como ésta. Las cartillas eran de madera y parecían remos. En el papel que se sujetaba a la madera estaban impresos los números y las letras del alfabeto.

En 1769, Nathan ingresó a la universidad de Yale, en New Haven, Connecticut. Fue buen estudiante y leyó libros sobre muchos temas. Era aficionado a pronunciar discursos y practicar deportes. Nathan se graduó en 1773 y empezó a trabajar de maestro en Connecticut. A los estudiantes y a los padres de familia les agradaba Nathan. Era un hombre amistoso, honrado y de confianza.

¿SABÍAS QUE...?

En una asamblea popular, Hale pronunció un discurso sobre la libertad que impresionó a la multitud.

Dibujo de la universidad de Yale en la década de 1700. Los mejores estudiantes de la región se formaron aquí. Muchos querían trabajar como abogados. Nathan Hale, en cambio, quería ser maestro.

2 DE MAESTRO A SOLDADO

Hale pensaba que las niñas debían estudiar las mismas materias que los niños. La mayoría de los hombres de su época no lo creían así. En abril de 1775 comenzó la Guerra de Independencia. Hale estaba enseñando en New London, Connecticut. Como sus padres, Hale creía que las colonias norteamericanas debían liberarse del dominio británico.

En esta ilustración aparece la *First Congregational Church*, iglesia a la que asistía la familia Hale. En el cementerio hay un monumento dedicado a Nathan Hale.

El primer trabajo de Hale como maestro fue en esta escuela. En la época colonial, todas las clases se enseñaban en uno o dos salones. Niños de diferentes edades recibían clase al mismo tiempo.

A Hale le gustaba enseñar. Creía que tenía el deber de enseñarles a los estudiantes, pero también pensaba que debía unirse a la lucha por la independencia norteamericana.
El primero de julio de 1775, Hale se hizo subteniente del Ejército Continental. Después luchó en el ataque a Boston y demostró que era un soldado valiente.

LUCHA POR LA LIBERTAD

En abril de 1775, la batalla de Lexington inició la Guerra de Independencia. Muy pronto Nathan Hale se unió al ejército local en New London, Connecticut.

Este dibujo muestra la rebelión llamada Fiesta del Té de Boston del 16 de diciembre de 1773. Patriotas vestidos como indios norteamericanos abordaron los barcos británicos y arrojaron todo el té a la bahía de Boston.

En Boston, la gente estaba asustada y en marzo de 1776 abandonaron la ciudad. El 30 de abril de aquel año, Hale viajó a la ciudad de Nueva York para unirse al ejército. Hale y otros soldados capturaron un pequeño barco británico que llevaba valiosos suministros que el ejército patriota necesitaba. Hale se convirtió en capitán de la unidad *Knowlton's Rangers*. El trabajo de los *Rangers* era vigilar a los británicos en Nueva York.

¿SABÍAS QUE...?

En julio de 1776 los padres de la patria se pusieron de acuerdo sobre la Declaración de Independencia.

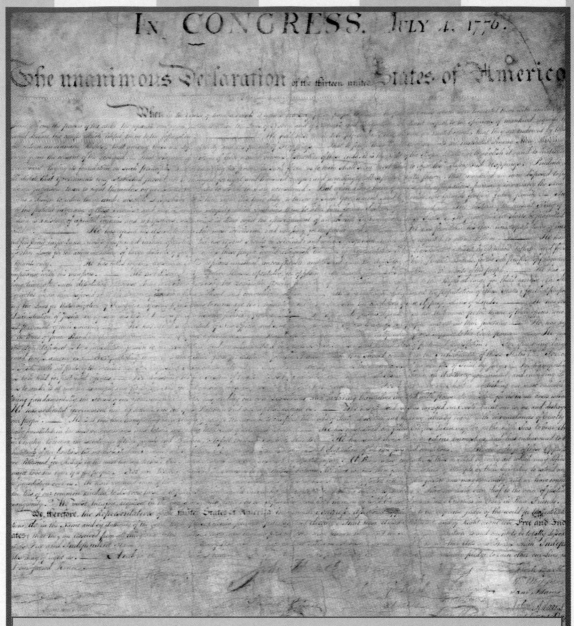

Thomas Jefferson escribió el primer borrador de la Declaración de Independencia. En ella se presentaba la lista de las ideas políticas con las cuales las colonias querían gobernarse a sí mismas.

3 HALE SE CONVIERTE EN ESPÍA

En septiembre de 1776, el general George Washington pidió un capitán del ejército como voluntario para espiar a los ingleses. Washington necesitaba saber cual sería su próximo movimiento. Hale fue el único que se ofreció para la misión. Sabía que si lo atrapaban lo matarían, pero también sabía que su trabajo de espía podría ayudarles a ganar la guerra.

En este dibujo aparece Hale recibiendo órdenes del general George Washington. Hale quería hacer algo importante por la causa de la independencia.

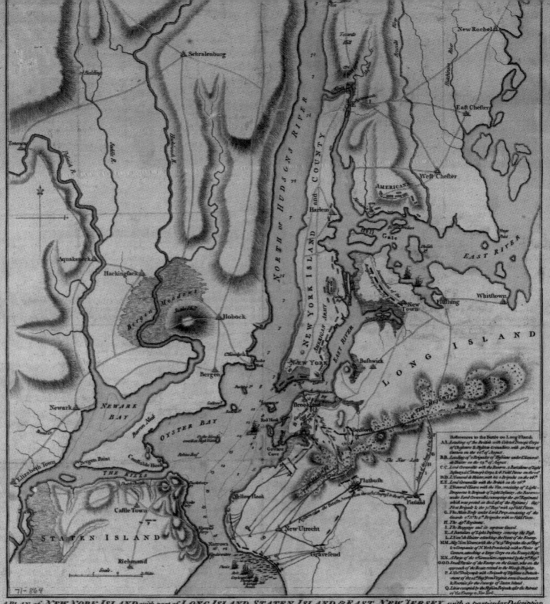

A PLAN of *NEW YORK ISLAND*, with part of *LONG ISLAND, STATEN ISLAND & EAST NEW JERSEY*, with a particular Description of the ENGAGEMENT on the Woody Heights of Long Island, between FLATBUSH and BROOKLYN, on the 27th of August 1776, between HIS MAJESTY'S FORCES Commanded by General HOWE and the AMERICANS under Major General PUTNAM, with the subsequent Disposition of both ARMIES.

Mapa de Nueva York y Long Island. Los ejércitos norteamericano y británico controlaban territorios a cada orilla del río. En septiembre de 1776, Hale entró al campo enemigo, en Long Island.

El capitán William Hull, amigo de Hale, intentó convencerlo de no convertirse en espía. Hale le explicó que deseaba hacer algo importante que les ayudara a ganar la guerra. En septiembre entró a los campamentos británicos de Long Island, Nueva York. Ahí se hizo pasar por maestro de escuela. Una vez en el interior de los campamentos, tomó notas sobre todo lo que veía y escuchaba.

Ilustración de la batalla de Long Island (agosto de 1776) en la que los británicos derrotaron a los norteamericanos. Aquí pueden verse soldados norteamericanos retirándose de la batalla.

El capitán William Hull sabía que espiar era peligroso. Temía por su amigo. Sabía que los británicos podrían matar a los espías que atraparan.

Hale obtuvo información militar importante sobre los británicos. Escribía en papel dicha información, lo cual no era muy prudente porque si lo atrapaban podrían saber fácilmente que era espía. Hale no se había preparado bien para esta misión. Su historia como maestro de escuela no era muy convincente. Los británicos podrían averiguar fácilmente su verdadera identidad.

LA MARCA DEL ESPÍA

Los espías eran personas que pasaban fácilmente inadvertidas entre la gente. Pero Hale era muy alto y además rubio. Sobresalía entre la gente.

Retrato en acuarela de Nathan Hale, por R. Sterling Heraty. Hale inspeccionó como espía los campamentos británicos de Long Island. Escribía notas en latín y las ocultaba en sus zapatos.

Hale dejó el campamento británico a finales de septiembre. Pero el 21 de septiembre fue capturado con todas sus notas antes de que pudiera llegar a la ciudad de Nueva York. Algunos piensan que su primo Samuel Hale, que se oponía a Independencia, fue quien lo reconoció. Hale fue llevado ante el general Howe, el comandante del ejército británico.

Dibujo que muestra la captura de Nathan Hale por los británicos. Hale venía de regreso a Manhattan. Los soldados británicos lo capturaron antes de que pudiera pasar al campo norteamericano.

El general sir William Howe (arriba) interrogó a Hale después de su captura. Howe se negó a concederle un juicio. Quería que el joven capitán fuera a la horca por su crimen.

GEN. SIR WILLIAM HOWE

Howe ordenó que Hale fuera ejecutado el día siguiente. A Hale no se le hizo juicio antes de ser ahorcado. La mañana siguiente, el capitán John Montresor, del ejército británico, condujo a Hale a su oficina. Hale escribió una carta a su hermano Enoch y otra al coronel Knowlton. Hale no sabía que el coronel Knowlton había muerto en una batalla.

El general William Howe dirigía la guerra desde la Mansión Beekman. Esta casa queda cerca de la calle 51 y la primera avenida de la actual ciudad de Nueva York. Nathan Hale escribió sus últimas cartas en uno de los cuartos de esta casa.

En la pintura aparece el capitán británico John Montresor, quien contó la única historia conocida sobre la captura y ejecución de Hale a William Hull, capitán del ejército norteamericano. En 1827 Stephen Hempstead, amigo de Hale, envió una carta al diario *St. Louis Republican*. En ella escribió sobre su último encuentro con Hale antes de que éste saliera en su misión como espía.

5 HALE ES AHORCADO Y SE CONVIERTE EN MÁRTIR

Antes de ser ahorcado, Hale pidió una Biblia, pero sus captores le negaron este deseo. Antes de su ejecución, Hale pronunció un discurso que terminó con una frase que se hizo famosa: "Lo único que lamento es tener sólo una vida que perder por mi patria". Hale murió el 22 de septiembre de 1776 a la edad de 21 años.

En este dibujo aparece Nathan Hale poco antes de su ejecución. Hale pidió un sacerdote, pero su deseo le fue negado.

En noviembre de 1893 se publicó en el *New York Herald* un artículo titulado "Nathan Hale, el espía patriota". Hale fue un símbolo poderoso del patriotismo norteamericano.

27

Nadie sabe donde fue enterrado Nathan Hale. El ejército norteamericano no supo hasta más tarde que Hale había sido capturado y ahorcado. Su historia se contaba en todas las colonias.

Hale se convirtió en héroe gracias a su valor. Un héroe como aquellos de los que había leído de niño. Por haber dado la vida por su patria, a Hale se le considera un mártir.

Esta placa se encuentra en la Tercera avenida con la calle 66, Este, en Nueva York. Señala el sitio más probable de la ejecución de Hale. El historiador William Kelby encontró este sitio basándose en notas que le fueron incautadas a un oficial británico.

Estatua de Nathan Hale en el *City Hall Park*, de la ciudad de Nueva York.

CRONOLOGÍA

1755—El 6 de junio nace Nathan Hale.

1774—Nathan Hale asiste a la universidad de Yale, en Connecticut.

1773—Nathan Hale se gradúa en la universidad de Yale.

1774—Nathan Hale acepta un trabajo como maestro en New London, Connecticut.

1775—Se produce la batalla de Lexington, que inicia la Guerra de Independencia. Nathan Hale se une al ejército. Llega a Boston.

1776—El Ejército Continental sale de Boston y se dirige a Nueva York. Poco después Nathan Hale deja la ciudad.

1776—Se firma la Declaración de Independencia; se forma la unidad *Knowlton's Rangers*, a la que se une Nathan Hale.

1776—Nathan Hale es ahorcado menos de dos semanas después de aceptar una misión como espía.

GLOSARIO

diácono (el) Miembro de una iglesia que ayuda con los deberes de ésta.

ejecutar Castigar a alguien quitándole la vida.

Ejército Continental (el) Ejército creado durante la Guerra de Independencia.

evacuar Abandonar inmediatamente una zona porque no es segura.

impresionar Causar admiración a los demás mediante palabras o actos.

independencia (la) Libertad de un país cuando no está sometido a otros.

juicio (el) Proceso por el cual un tribunal decide sobre la culpabilidad o inocencia de alguien.

libertad (la) Estado o condición del que no está sometido a la voluntad de otro.

mártir (el, la) Alguien que muere o recibe la muerte por una causa o principio.

patriota (el, la) Alguien que ama a su patria y está dispuesto a luchar por ella.

teniente (el, la) Oficial del ejército.

SITIOS WEB

Debido a las constantes modificaciones en los sitios de Internet, Rosen Publishing Group, Inc., ha desarrollado un listado de sitios Web relacionados con el tema de este libro. Este sitio se actualiza con regularidad. Por favor, usa este enlace para acceder a la lista:

http://www.rosenlinks.com/fpah/nhal

LISTA DE FUENTES PRIMARIAS DE IMÁGENES

Página 4: Mapa de Nueva Inglaterra dibujado a mano por Carington Bowles, 1771.

Página 5: Grabado del capitán Nathan Hale, coloreado a mano, publicado en *La historia de Nueva York*, editada por James Grant Wilson en 1892.

Página 7: Foto de una cartilla del siglo XVIII. Actualmente se encuentra en la biblioteca Free Library, de Filadelfia.

Página 9: Grabado en madera coloreado a mano de la universidad de Yale, en New Haven, Connecticut, 1784.

Página 10: Fotografía de la iglesia *First Congregational Church*, de Coventry, Connecticut, tomada en 1880 aproximadamente. En la actualidad la fotografía se encuentra en dicha iglesia.

Página 11: Fotografía de la escuela East Haddam, de Connecticut, donde enseñó Hale, tomada por Lee Snider en 1980 aproximadamente.

Página 13: La rebelión conocida como Fiesta del Té de Boston en una litografía a color de Currier & Ives.

Página 15: Documento de la Declaración de Independencia, 1776. Actualmente se encuentra en los Archivos Nacionales, de Washington D.C.

Página 16: *"Hale recibe instrucciones de George Washington"*, ilustración de 1880, por Howard Pyle. Actualmente se encuentra en la Biblioteca Pública de la ciudad de Nueva York.

Página 17: Mapa de 1776 de Nueva York y Long Island, por Georges-Louis LeRouge. Biblioteca del Congreso, Washington D.C.

Página 18: *Batalla de Long Island*. Grabado coloreado a mano de finales del siglo XVIII, por James Smillie.

Página 19: Retrato de William Hull, coloreado a mano, de 1770 aproximadamente. Actualmente se encuentra en la Biblioteca del Congreso, Washington D.C.

Página 21: Retrato en acuarela, sin fecha, de Nathan Hale, por R. Sterling Heraty. Actualmente se encuentra en el instituto Antiquarian and Landmarks Society, de Hartford, Connecticut.

Página 22: *Captura de Nathan Hale*. Ilustración de finales del siglo XVIII, por William Henry Snyder. Actualmente se encuentra en la Biblioteca Pública de la ciudad de Nueva York.

Página 23: Retrato del general Sir William Howe, 1777.

Página 24: Grabado sin fecha titulado *"The Old Beekman Mansion House"*, ciudad de Nueva York.

Página 25: Copia fotografiada de la página del periódico *St. Louis Republican* del 27 de enero de 1827 en la que aparece la carta de Stephen Hempstead.

Página 26: Grabado en madera, coloreado a mano, de la ejecución de Nathan Hale, publicado en un número de *Harpers's Weekly* de 1860.

Página 27: Copia fotografiada de una página del número del 26 de noviembre de 1893 del New York Herald en la que aparece el artículo *"Nathan Hale, el espía patriota"*, de William Kelby.

Página 28: Placa recordatoria en bronce que señala el lugar probable de la ejecución de Nathan Hale. Actualmente se encuentra en la avenida tercera con calle 66, Este, de la ciudad de Nueva York.

Página 29: Fotografía tomada por Farrel Grehan de una estatua de Nathan Hale, esculpida por Frederick MacMonnies. Actualmente se encuentra en el parque City Hall Park, de la ciudad de Nueva York.

ÍNDICE

ACERCA DEL AUTOR

Jody Libertson es escritor y editor. Vive en la ciudad de Nueva York.